Impressum
Verlag: BABADADA GmbH, Nedderfeld 112 , 22529 Hamburg
Geschäftsführer / Verlagsleitung: Harald Hof
Druck: Books on Demand GmbH, In de Tarpen 42, 22848 Norderstedt

Imprint
Publisher: BABADADA GmbH, Nedderfeld 112 , 22529 Hamburg, Germany
Managing Director / Publishing direction: Harald Hof
Print: Books on Demand GmbH, In de Tarpen 42, 22848 Norderstedt, Germany

baba

школа

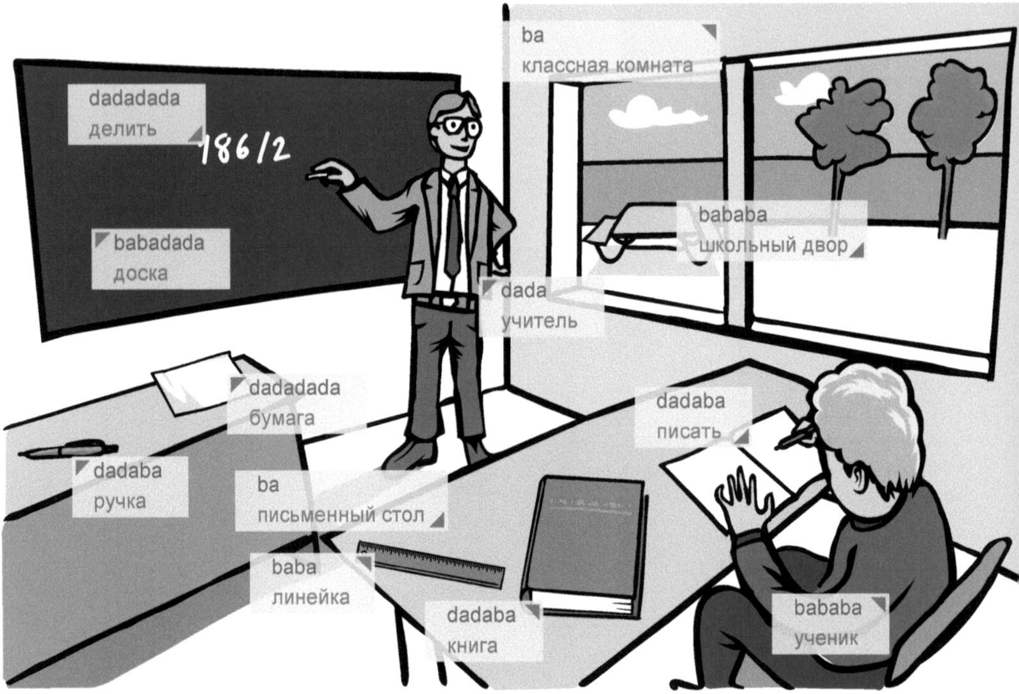

ba
классная комната
dadadada
делить
186/2
babadada
доска
bababa
школьный двор
dada
учитель
dadadada
бумага
dadaba
писать
dadaba
ручка
ba
письменный стол
baba
линейка
dadaba
книга
bababa
ученик

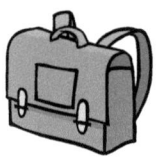

dadaba

ранец

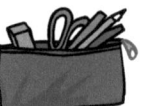

dada

пенал

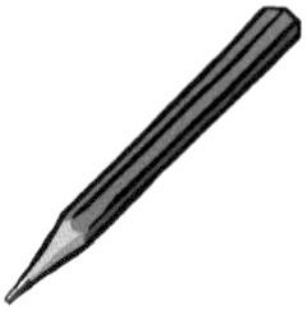

bababa

карандаш

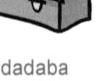

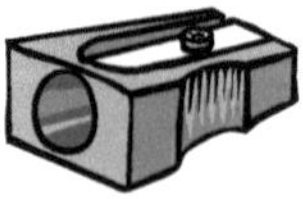

dadaba

точилка

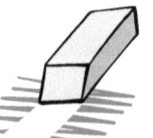

baba

ластик

ba

альбом для рисования

bababa

рисунок

ba

кисточка

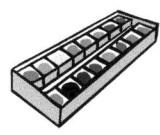

dada

коробка красок

babadada

ножницы

dadaba

клей

dadadada

тетрадь

babadada

домашняя работа

12

bababa

цифра

2+2

dadaba

прибавлять

5-2

bababa

вычитать

2×2

badada

умножать

dadababa

считать

A

babababa

буква

ABCDEFG HIJKLMN OPQRSTU VWXYZ

babababa

алфавит

hello

dada

слово

babadada

текст

dadadada

читать

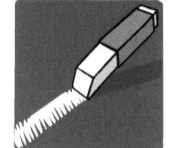

dada

мел

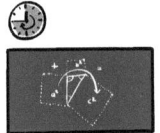

babababa

урок

ba

классный журнал

baba

экзамен

babababa

диплом

babadada

школьная форма

babababa

образование

dadababa

энциклопедия

babababa

университет

dadababa

микроскоп

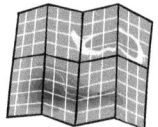

bababa

карта

babadada

корзина для бумаг

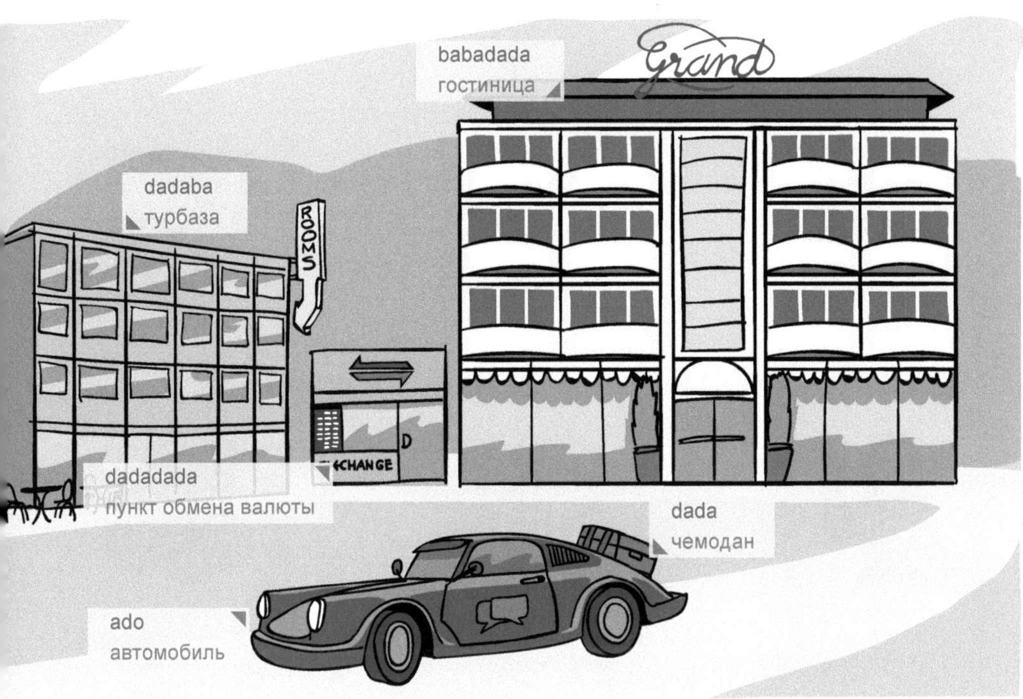

babadada
гостиница
Grand
dadaba
турбаза
ROOMS
EXCHANGE
dadadada
пункт обмена валюты
dada
чемодан
ado
автомобиль

dadadada
язык

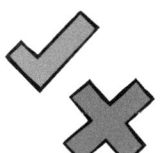

da / meh
да / нет

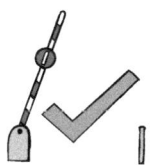

Oh
хорошо

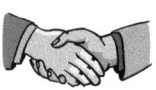

ba
Привет

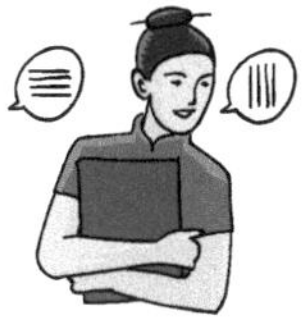

dada
переводчик

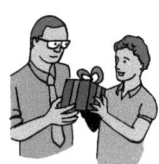

dada
Спасибо

babababa

Сколько стоит...?

ah

Я не понимаю

dadaba

проблема

ba dada

Добрый вечер!

babadada

Доброе утро!

heia!

Доброй ночи!

dadaba

До свидания

badada

направление

dada

багаж

babababa

сумка

babababa

рюкзак

baba

гость

dadadada

комната

dadadada

спальный мешок

dada

палатка

dadadada

туристическая
информация

badada

пляж

babadada

кредитная карточка

dadababa

завтрак

baba

обед

bababa

ужин

dada

билет

dada

лифт

babadada

почтовая марка

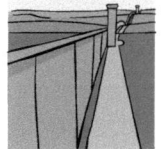

badada

граница

dadaba

таможня

babadada

посольство

dadaba

виза

dada da da da

паспорт

dadadada
транспорт

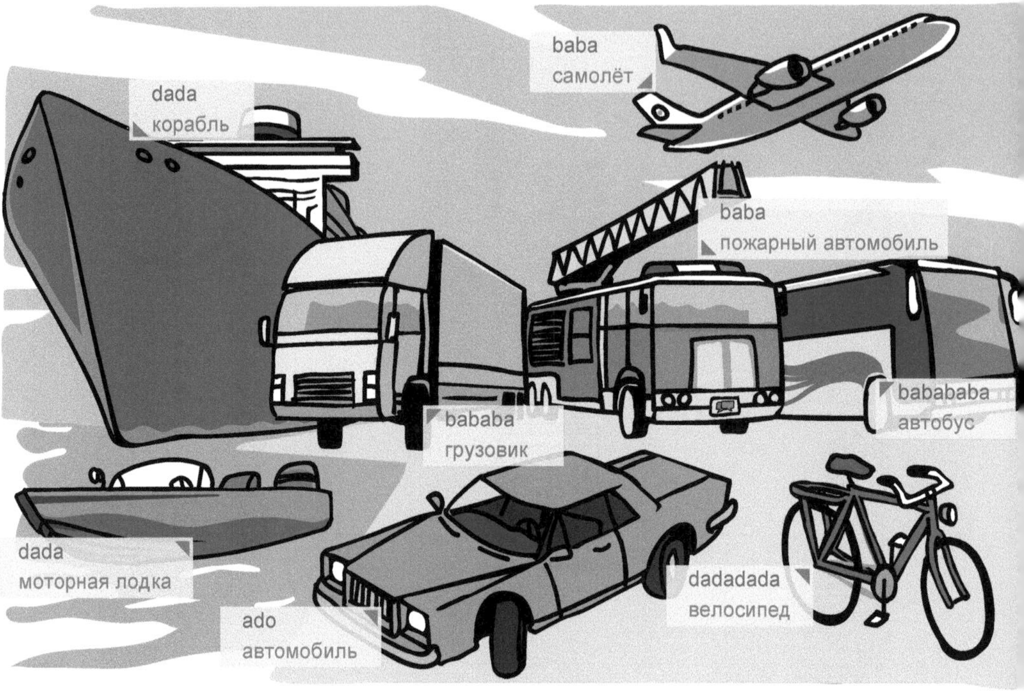

baba
самолёт
dada
корабль
baba
пожарный автомобиль
bababa
грузовик
babababa
автобус
dada
моторная лодка
dadadada
велосипед
ado
автомобиль

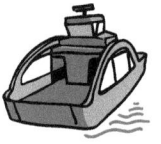

babadada

паром

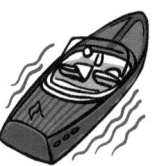

baba

лодка

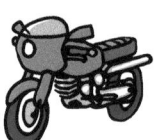

bababa

мотоцикл

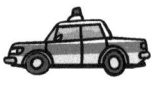

ado

полицейский автомобиль

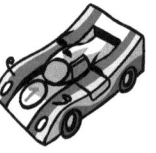

ado

гоночный автомобиль

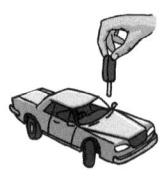

auto

арендованный автомобиль

dada

совместное пользование
автомобилями

ado

буксировочный
автомобиль

ado

мусоровоз

brumbrum!

двигатель

bababa

топливо

dada

заправка

dadaba

дорожный знак

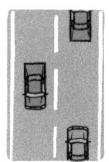

badada

движение

ado ado

пробка

babadada

автостоянка

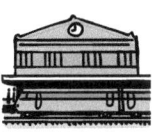

babababa

вокзал

dada

рельсы

dadaba

поезд

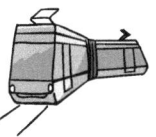

baba

трамвай

dadaba

вагон

baba

вертолёт

baba

аэропорт

dadaba

вышка

baba

пассажир

badada

контейнер

dada

коробка

baba

тележка

dadadada

корзина

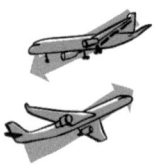

da / bada

взлетать / приземляться

dadaba

город

bababa

деревня

dadababa

центр города

dadaba

дом

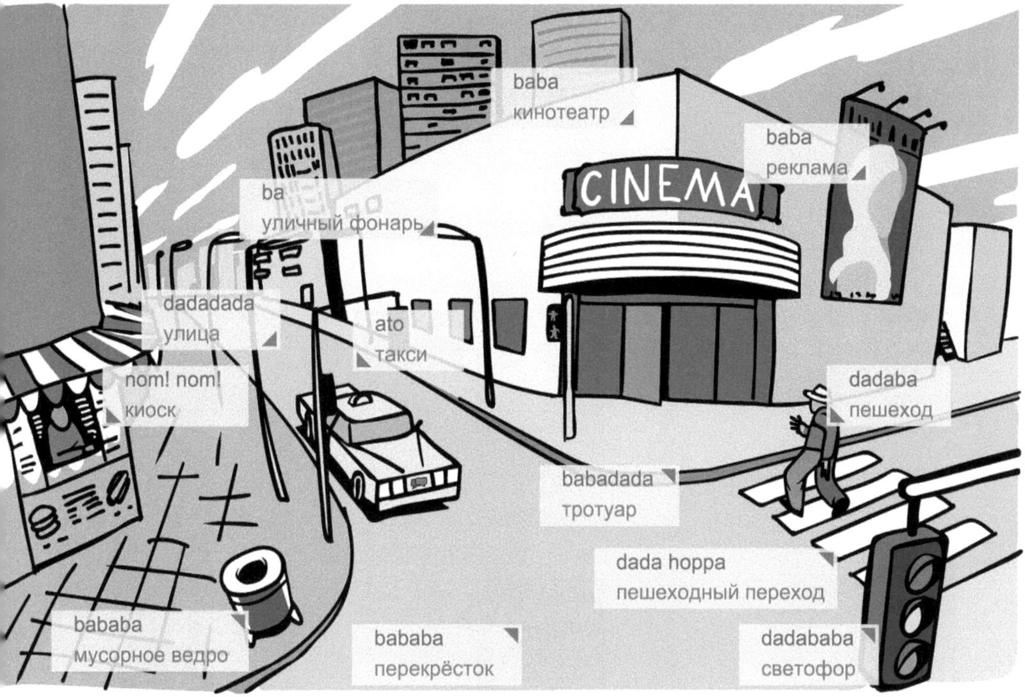

CINEMA
baba
кинотеатр
baba
реклама
ba
уличный фонарь
dadadada
улица
ato
такси
nom! nom!
киоск
dadaba
пешеход
babadada
тротуар
dada hoppa
пешеходный переход
bababa
мусорное ведро
bababa
перекрёсток
dadababa
светофор

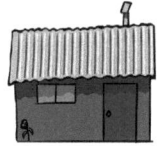

babadada

хижина

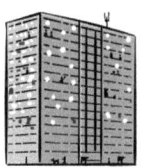

dadadada

квартира

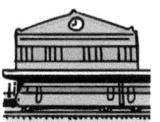

babababa

вокзал

dadaba

ратуша

MUSEUM

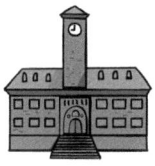

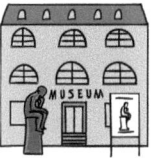

bababa

музей

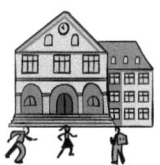

baba

школа

bababababa

университет

dadadada

банк

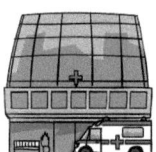

aua!

больница

babadada

гостиница

aua!

аптека

baba

офис

bababa

книжный магазин

ba

магазин

dadaba

цветочный магазин

dada nom nom

супермаркет

dadadada

рынок

dadadada

универмаг

nom! nom!

торговец рыбой

baba

торговый центр

ba

порт

dadadada

парк

baba

скамейка

bababababa

мост

dadadada

лестница

bababa

метро

baba

тоннель

ba

автобусная остановка

babababa

бар

nom nom!

ресторан

dadaba

почтовый ящик

dada

табличка с названием улицы

baba

паркометр

bababa

зоопарк

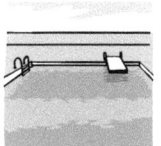

dada

бассейн

baba

мечеть

dadaba

ферма

dadababa

загрязнение окружающей
среды

bababa

кладбище

ba

церковь

dadababa

детская площадка

bababa

храм

dada

ландшафт

baba
лист

baba
дорожный указатель

dada
дорога

bababa
луг

baba
камень

dadababa
дерево

dada
путешественник

bababa
река

dada
трава

mama!
цветок

badada

долина

bababa

гора

dadadada

озеро

dadadada

лес

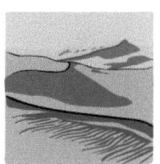

dadababa

пустыня

dadaba

вулкан

babababa

замок

dadaba

радуга

bababa

гриб

dadababa

пальма

aua!

комар

badada

муха

dadababa

муравей

summ summ

пчела

dada

паук

dada - ландшафт

dadaba

жук

quak

лягушка

dadababa

белка

dadaba

еж

baba

заяц

gackgack

сова

gackgack

птица

gackgack

лебедь

babadada

кабан

dadadada

олень

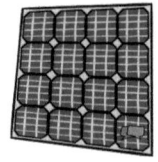

dadadada

лось

dadadada

плотина

ba

ветряной генератор

dadadada

солнечная батарея

babababa

климат

dada - ландшафт

dadadada
официант

baba
меню

dadaba
стул

nom! nom!
суп

nom nom!
пицца

bababa
столовые приборы

bababab
скатерть

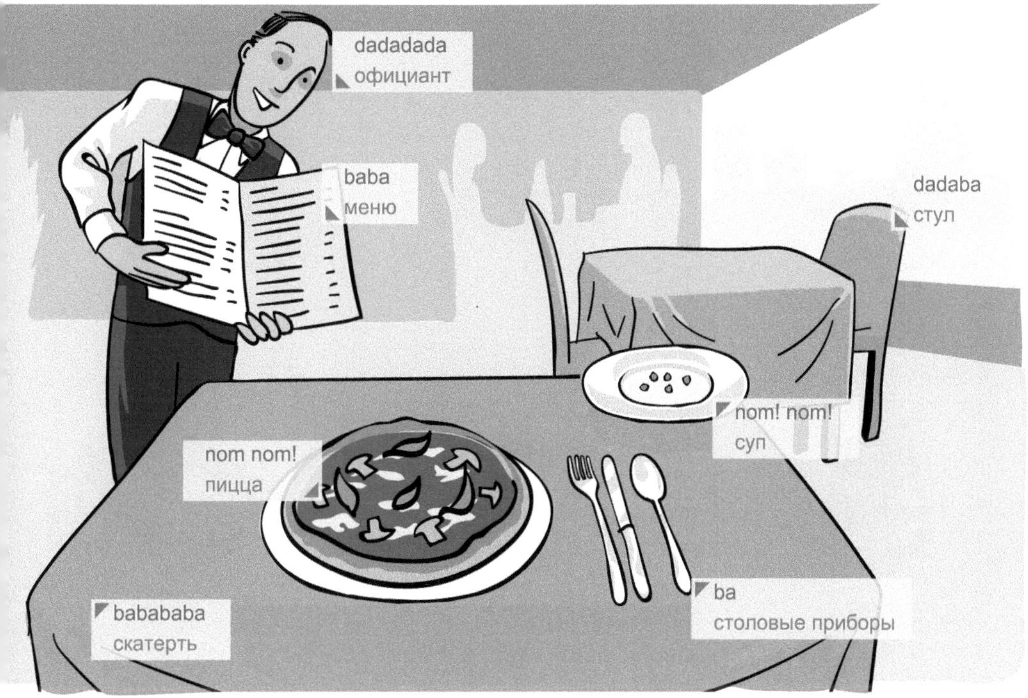

nom! nom!
....
закуска

nom! nom!
....
главное блюдо

nom nom!
....
десерт

dadababa
....
напитки

nom nom!
....
еда

nom nom!
....
бутылка

nom! nom!

фастфуд

nom! nom!

уличная еда

babababa

чайник

nom! nom!

сахарница

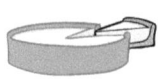

nom nom!

порция

dadaba

кофеварка

bababa

детский стульчик

ba

счет

bababa

поднос

ba

нож

babadada

вилка

dadaba

ложка

bababa

чайная ложка

dadaba

салфетка

ba

стакан

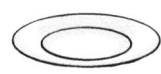

nom nom!

тарелка

bababa

суповая тарелка

bababa

блюдце

nom! nom!

соус

dadadada

солонка

dadaba

мельница для перца

bähbäh

уксус

dadababa

масло

dadababa

специи

nom! nom!

кетчуп

nom! nom!

горчица

nom nom!

майонез

dada nom nom

супермаркет

dadababa
специальное предложение
FOR
dadaba
покупатель
dadaba
молочные продукты
nom nom!
фрукты
baba
тележка для покупок

BUTCHERS

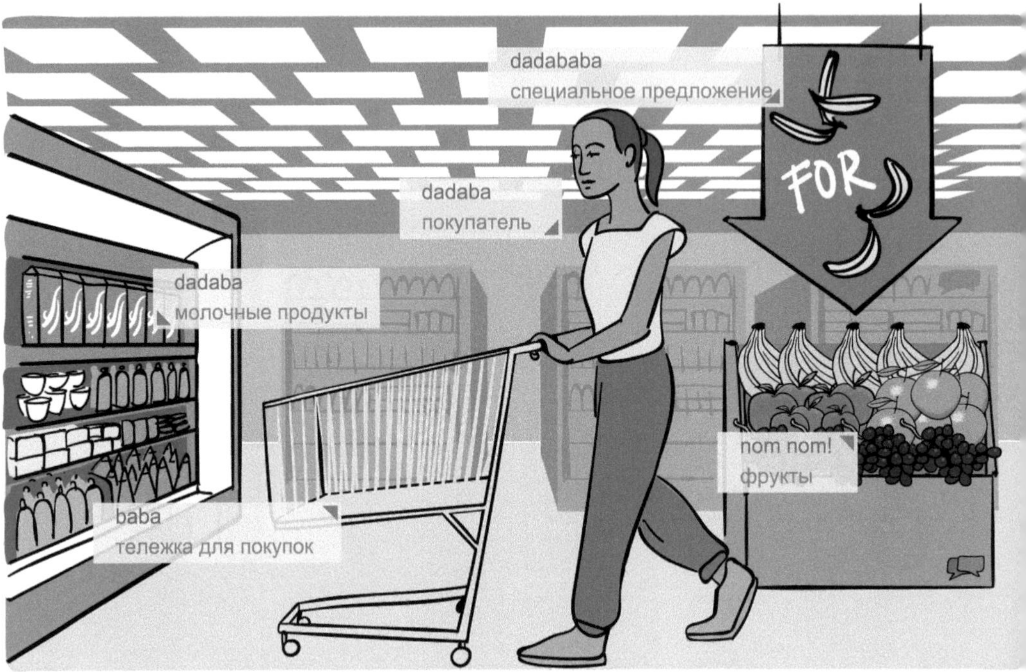

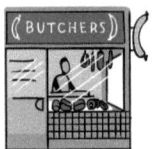

dadaba

мясной магазин

BAKERY

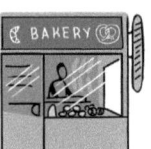

nom! nom!

пекарня

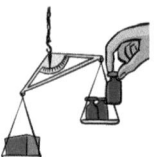

bababa

взвешивать

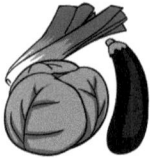

bähbäh

овощи

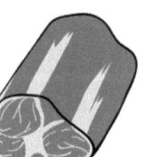

nom nom!

мясо

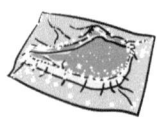

nomnom

быстрозамороженные продукты

nom nom!

нарезка

nomnom

консервы

bababa

стиральный порошок

baba

сладости

dadaba

предмет домашнего
обихода

dadababa

моющее средство

bababa

продавщица

bababa

касса

dadaba

кассир

dada

список покупок

dadababa

время работы

baba

бумажник

babadada

кредитная карточка

dadababa

сумка

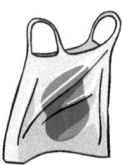

dadababa

полиэтиленовый пакет

dada nom nom - супермаркет

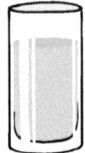

wasa

вода

dadadada

сок

badada

молоко

ba

кока-кола

bababa

вино

dadadada

пиво

dadaba

алкоголь

bababa

какао

dadababa

чай

dada

кофе

dadaba

эспрессо

dadababa

капучино

nane

банан

nom nom!

яблоко

bababa

апельсин

nom nom!

арбуз

nom nom!

лимон

bähbäh

морковь

bada meh

чеснок

dadaba

бамбук

dadaba

лук

nom nom!

гриб

nom nom!

орехи

nom nom!

лапша

nom nom!

спагетти

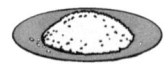

nom nom!

рис

nom nom!

салат

nom nom!

картофель фри

nom nom!

жареный картофель

nom nom!

пицца

nom nom!

гамбургер

nom nom!

сэндвич

nom nom!

шницель

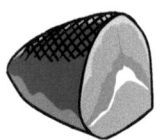

nom nom!

ветчина

nom nom!

салями

nom nom!

колбаса

gack gack

курица

nom nom!

жаркое

nom nom!

рыба

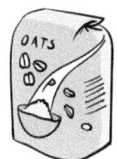

nom nom!

овсяные хлопья

bähbäh

мюсли

nom nom!

кукурузные хлопья

nom nom!

мука

nom nom!

круассан

babadada

булочка

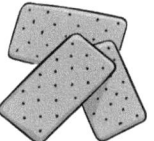

nom! nom!

хлеб

nom nom!

тост

nom nom!

печенье

nom nom!

масло

nom nom!

творог

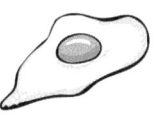

nom nom

пирог

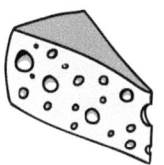

dadaba

яйцо

nom nom!

яичница

bada muh

сыр

nom nom!

мороженое

nom nom!

сахар

baba summ

мёд

nom nom!

мармелад

nom nom!

крем с нугой

babadada

карри

dadaba
ферма

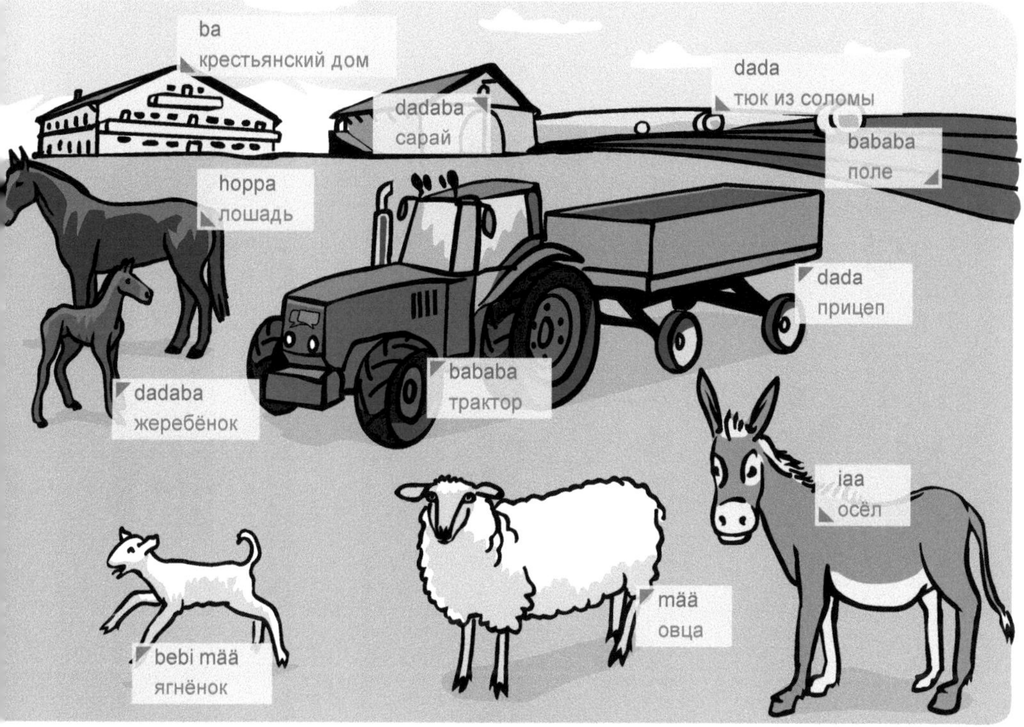

ba
крестьянский дом
dadaba
сарай
dada
тюк из соломы
bababa
поле
hoppa
лошадь
dada
прицеп
bababa
трактор
dadaba
жеребёнок
iaa
осёл
mää
овца
bebi mää
ягнёнок

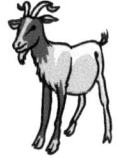

baba

коза

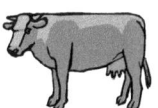

muh

корова

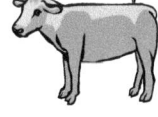

mimuh

телёнок

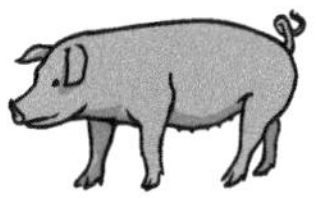

mama oink

свинья

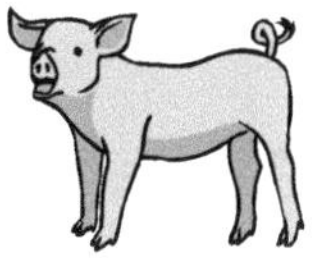

oink

поросёнок

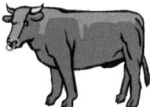

dadadada

бык

gackgack

гусь

gackquack

утка

gacki

цыплёнок

gackgack

курица

gacko

петух

dada

крыса

mau

кошка

bababa

мышь

muh

вол

wauwau

собака

wauwau

конура

baba

садовый шланг

dadababa

лейка

baba

коса

dadababa

плуг

baba

серп

dadadada

мотыга

dada

навозные вилы

bababa

топор

babababa

тачка

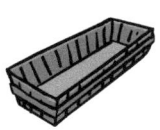

baba

корыто

dada muh

бидон для молока

dadababa

мешок

badada

забор

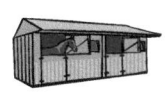

dadadada

хлев

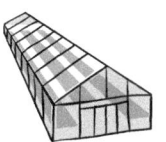

ba

теплица

babadada

почва

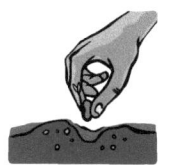

baba

посев

baba

удобрение

dadababa

комбайн

bababa

собирать урожай

dadadada

урожай

dadaba

ямс

dadababa

пшеница

dadababa

соя

bababa

картофель

badada

кукуруза

bababa

рапс

bababa

фруктовое дерево

dadadada

маниок

dadababa

злаки

dadaba

дом

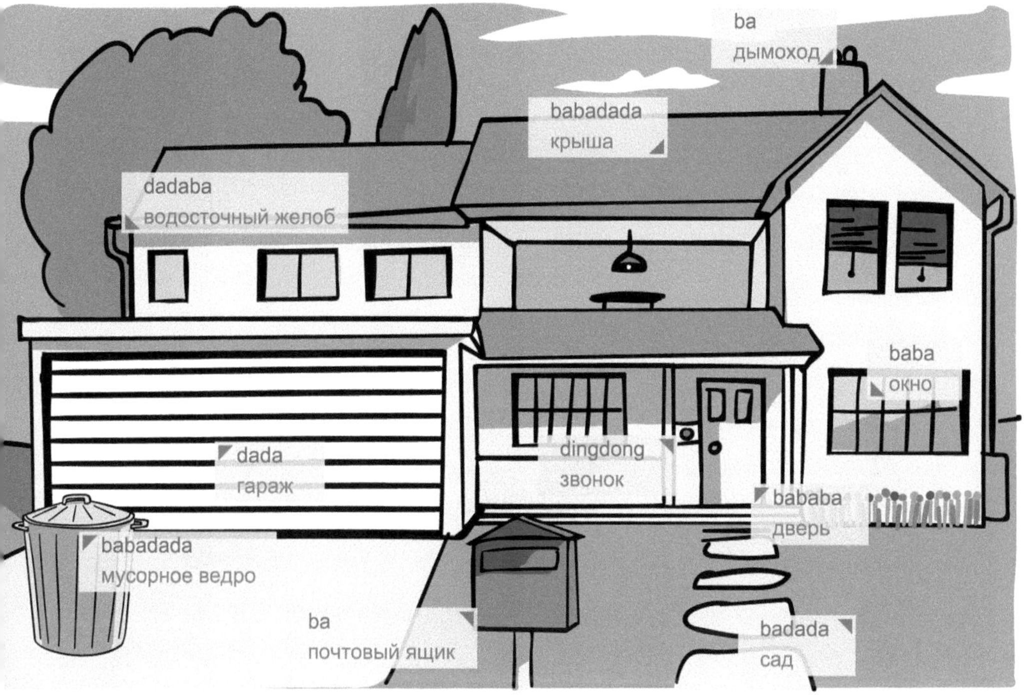
ba
дымоход
babadada
крыша
dadaba
водосточный желоб
baba
окно
dada
гараж
dingdong
звонок
bababa
дверь
babadada
мусорное ведро
ba
почтовый ящик
badada
сад

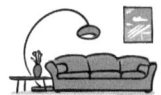

dadadada

гостиная

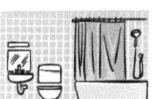

bababa

ванная комната

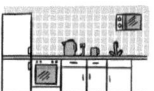

bababa

кухня

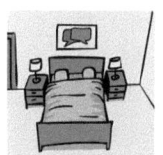

dadababa

спальня

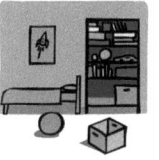

meina

детская комната

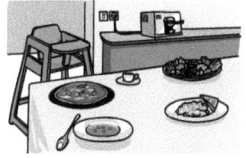

dadaba

столовая

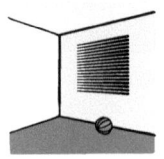

badada

пол

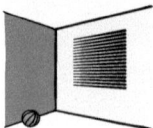

dadababa

стена

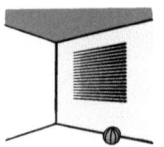

bababa

потолок

dada

подвал

dadababa

сауна

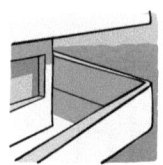

babababa

балкон

dadadada

терраса

bababa

бассейн

baba

газонокосилка

dadaba

пододеяльник

babadada

покрывало

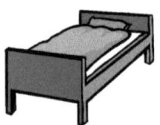

heia!

кровать

dada

метла

dadaba

ведро

dadababa

выключатель

dadadada
гостиная

dadadada
обои
badada
рисунок
badada
лампа
dadadada
полка
ba
шкаф
dada gucki
телевизор
dadababa
камин
mama!
цветок
baba
подушка
dada
диван
dadaba
ваза
baba
пульт дистанционного управления

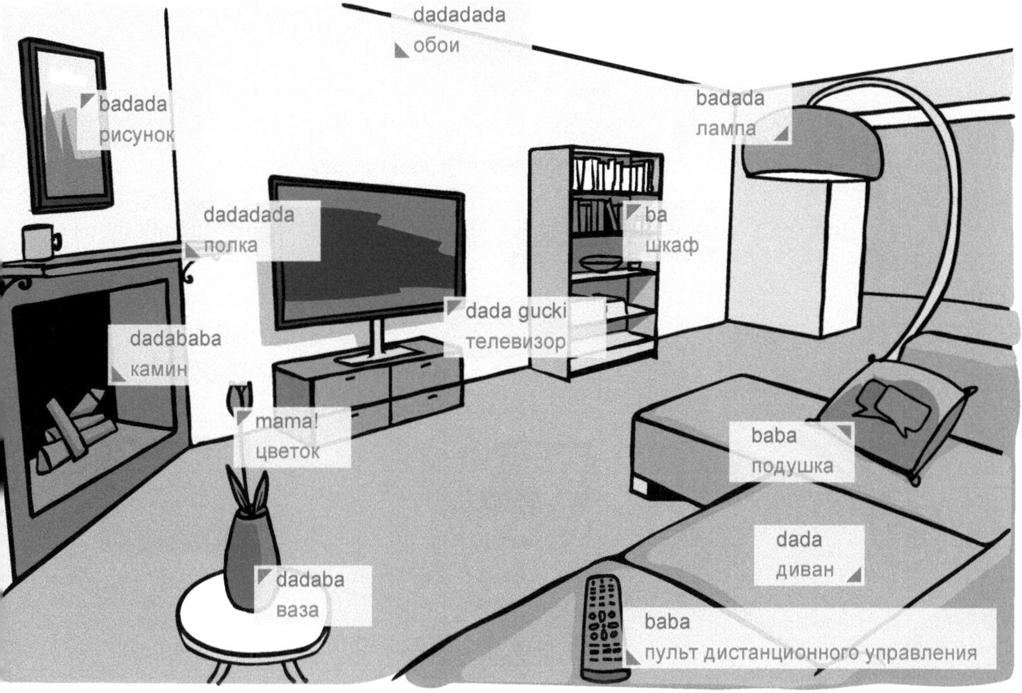

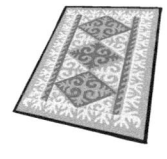

dada

ковёр

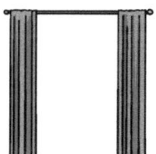

bababa

штора

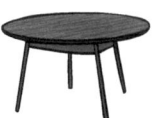

ba

стол

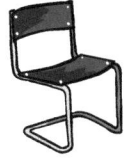

dadaba

стул

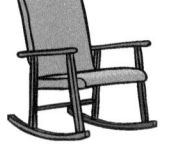

dadadada

кресло-качалка

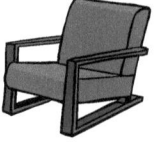

bababa

кресло

dadaba

книга

dadadada

покрывало

dadaba

украшение

ba

дрова

dadadada

фильм

lala

стереосистема

babadada

ключ

dadadada

газета

dadadada

картина

bababa

плакат

lala

радио

dadababa

блокнот

babadada

пылесос

aua!

кактус

babadada

свеча

bababa
кухня

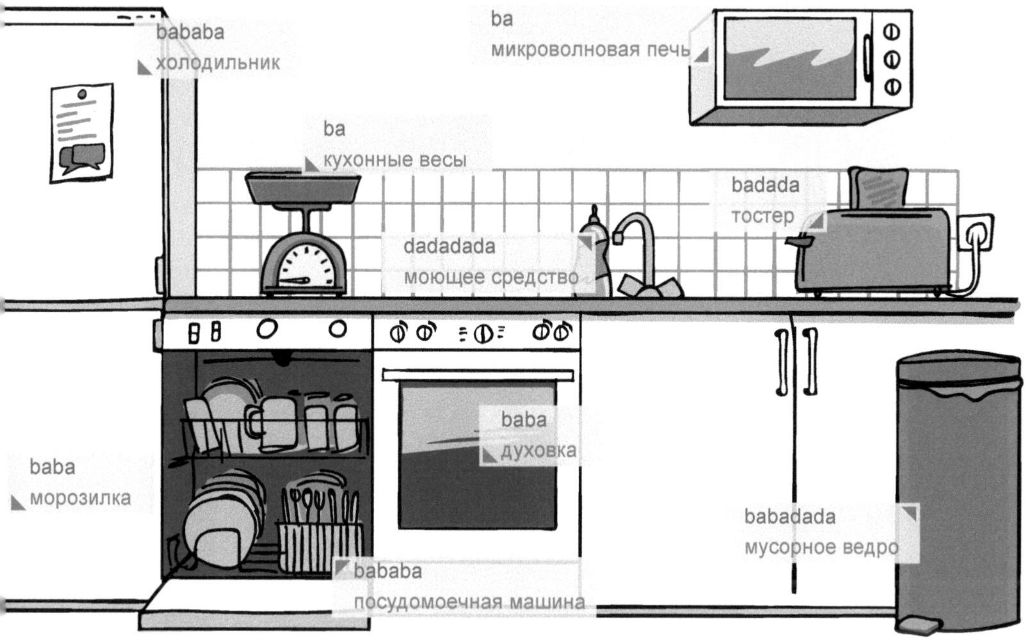
bababa
холодильник
ba
микроволновая печь
ba
кухонные весы
badada
тостер
dadadada
моющее средство
baba
духовка
baba
морозилка
babadada
мусорное ведро
bababa
посудомоечная машина

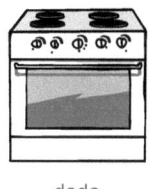

dada
плита

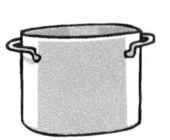

dada
кастрюля

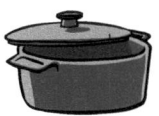

dada
чугунный котелок

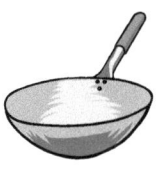

baba / dada
вок / кадай

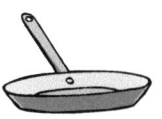

badada
сковорода

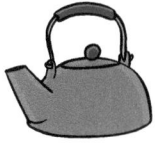

ba
чайник

dadababa

пароварка

bababa

противень

dadaba

посуда

dadadada

кружка

dadaba

миска

baba

палочки для еды

dadaba

половник

dadadada

лопатка

badada

сбивалка

dada

сито

bababa

сито

baba

тёрка

dadababa

ступка

dada

гриль

aua!

костёр

dadababa

доска

bababababa

скалка

dadababa

штопор

dadadada

жестяная банка

bababa

консервный нож

dadababa

прихватка

dadadada

раковина

dadababa

щетка

ba

губка

aua!

миксер

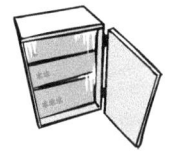

babadada

морозильная камера

bababa

бутылочка для кормления

dadadada

кран

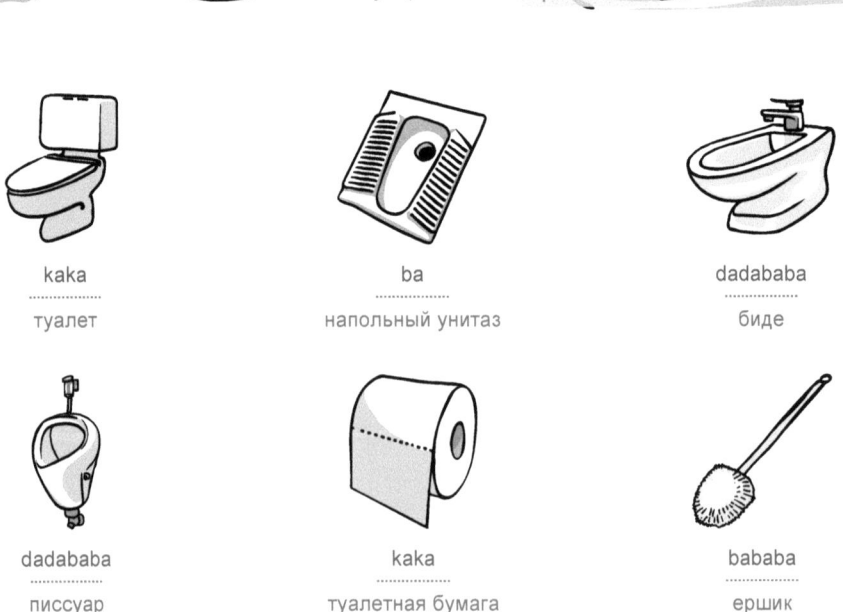

bababa

ванная комната

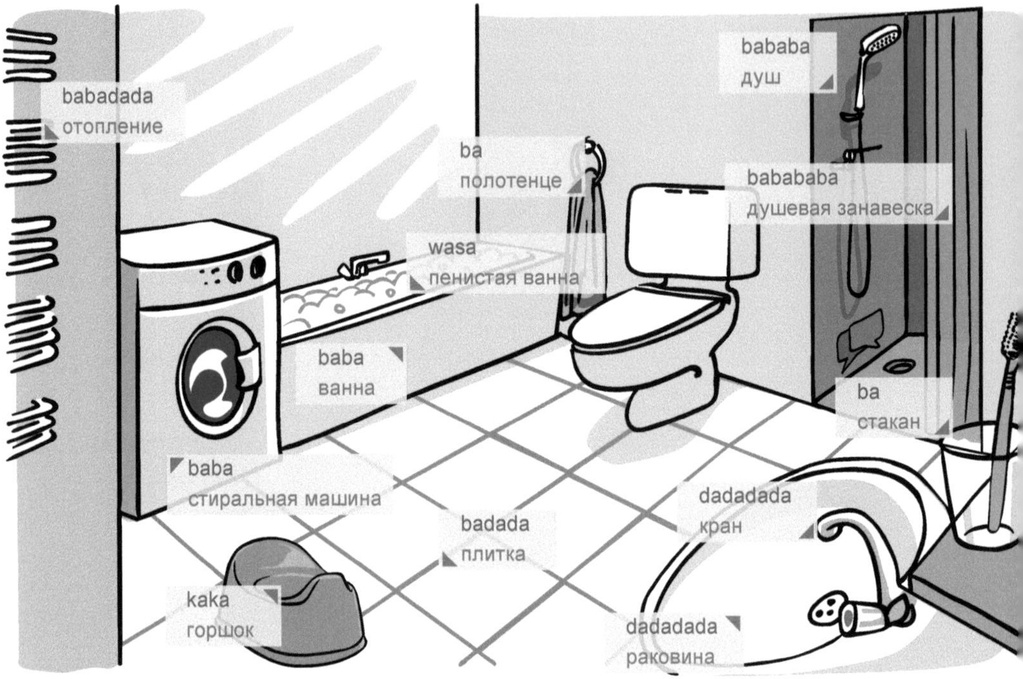
babadada
отопление
ba
полотенце
bababa
душ
babababa
душевая занавеска
wasa
пенистая ванна
baba
ванна
ba
стакан
baba
стиральная машина
dadadada
кран
badada
плитка
kaka
горшок
dadadada
раковина

kaka

туалет

ba

напольный унитаз

dadababa

биде

dadababa

писсуар

kaka

туалетная бумага

bababa

ершик

bababa

зубная щетка

nom! nom!

зубная паста

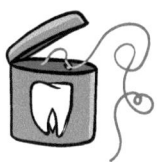

dadadada

зубная нить

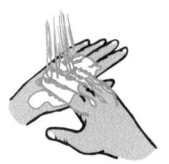

bababa

мыть

babababa

ручной душ

dadadada

интимный душ

badada

таз

dadadada

щетка для спины

nom! nom!

мыло

nom! nom!

гель для душа

nom! nom!

шампунь

babadada

мочалка

dadaba

сток

nom! nom!

крем

babababa

дезодорант

dadadada

зеркало

dadadada

ручное зеркало

ba

бритва

nom! nom!

пена для бритья

nam! nam!

лосьон после бритья

dadababa

расческа

baba

щетка

dadadada

фен

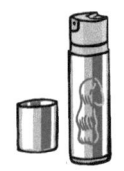

badada

лак для волос

dadaba

косметика

mama!

губная помада

ba

лак для ногтей

bababa

вата

dadadada

маникюрные ножницы

bababa

духи

dadadada

косметичка

bababa

табуретка

dadadada

весы

ba

халат

babababa

резиновые перчатки

ba

тампон

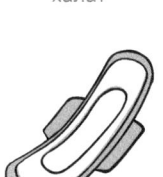

bababa

гигиеническая прокладка

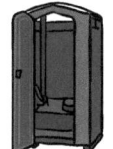

baba

биотуалет

meina

детская комната

bababa
будильник
bababa
мягкая игрушка
auto
игрушечный автомобиль
dadadada
погремушка
bababa
кукольный домик
babababa
подарок

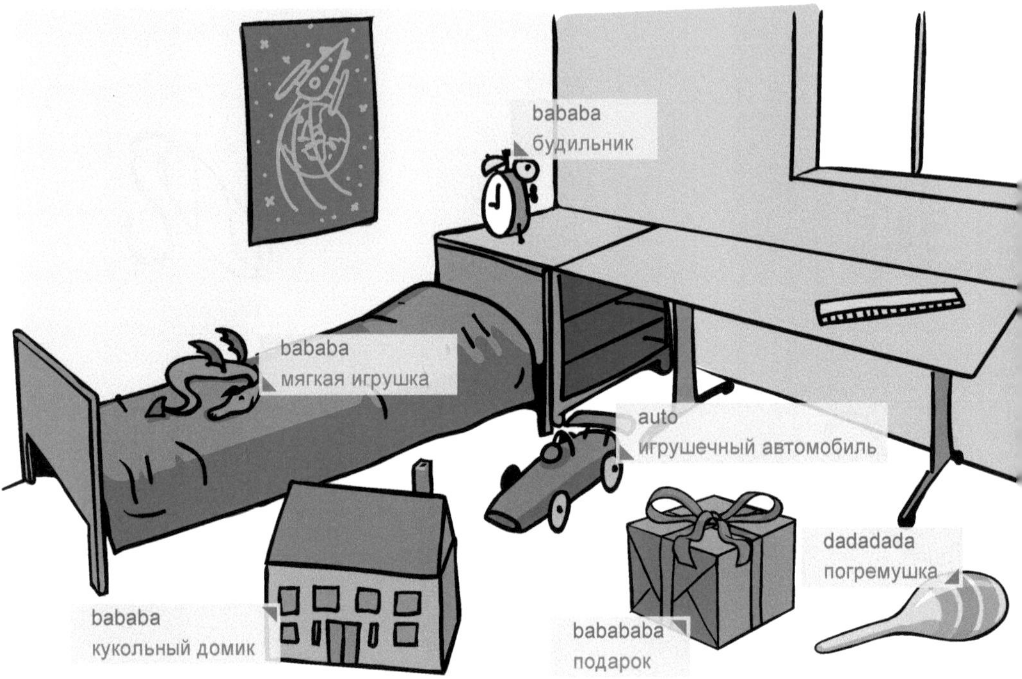

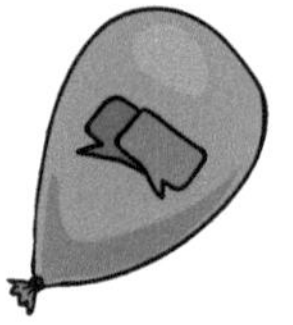

dadadada

воздушный шар

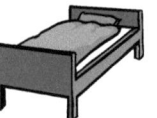

heia!

кровать

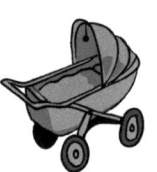

dadaba

детская коляска

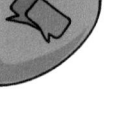

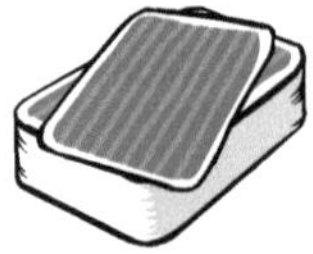

dadababa

карточная игра

bababa

пазл

SUPER
MEGA

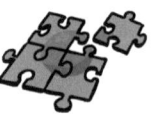

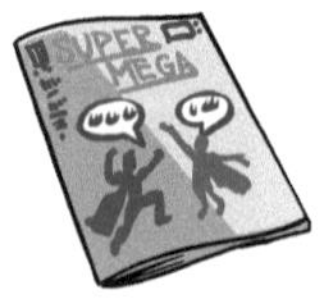

dadababa

комикс

badada

кирпичики Лего

badada

кубики

dada

игрушечная фигурка

dadadada

ползунки

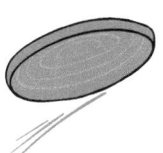

dadaba

фрисби

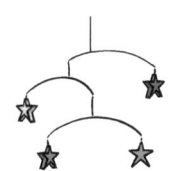

dadaba

мобиле

ba

настольная игра

baba

кубик

dadababa

модель железной дороги

lula

соска

baba

вечеринка

dadaba

книга с картинками

dada

мяч

dada

кукла

badada

играть

dadaba

песочница

babababa

качели

dadababa

игрушка

dadaba

игровая приставка

babadada

трёхколесный велосипед

dadababa

плюшевый медвежонок

dadaba

шкаф для одежды

baba

одежда

dadadada

носки

ba

чулки

dada

колготки

bababa
шарф

dadababa
ремень

bababa
зонтик

badada
футболка

baba
сапоги

ba
кроссовки

baba
тапки

bababa

сандалии

badada

ботинки

dada

резиновые сапоги

ba

трусы

baba

бюстгальтер

dadadada

майка

baba - одежда

badada

боди

ba

брюки

bababa

джинсы

dada

юбка

bababa

блузка

dadadada

рубашка

baba

свитер

baba

свитер

babadada

спортивная куртка

baba

жакет

bababa

пальто

dadababa

плащ

bababa

костюм

ba

платье

dadaba

свадебное платье

dadadada

мужской костюм

babababa

ночная сорочка

heia

пижама

baba

сари

dadadada

платок

dada

тюрбан

dada

паранджа

baba

кафтан

dadadada

абайя

wasa

купальник

bababa

плавки

dadababa

шорты

bababab

спортивный костюм

baba

фартук

babababa

перчатки

dadaba

пуговица

babadada

очки

dada

браслет

dadababa

цепочка

bababa

кольцо

dadababa

серьга

dada

шапка

babadada

вешалка

dadababa

шляпа

bababa

галстук

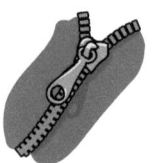

badada

застежка молния

dadaba

шлем

dada

подтяжки

babadada

школьная форма

babababa

форма

namnam

детский нагрудник

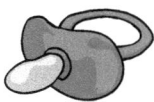

lula

соска

kaka!

подгузник

baba

офис

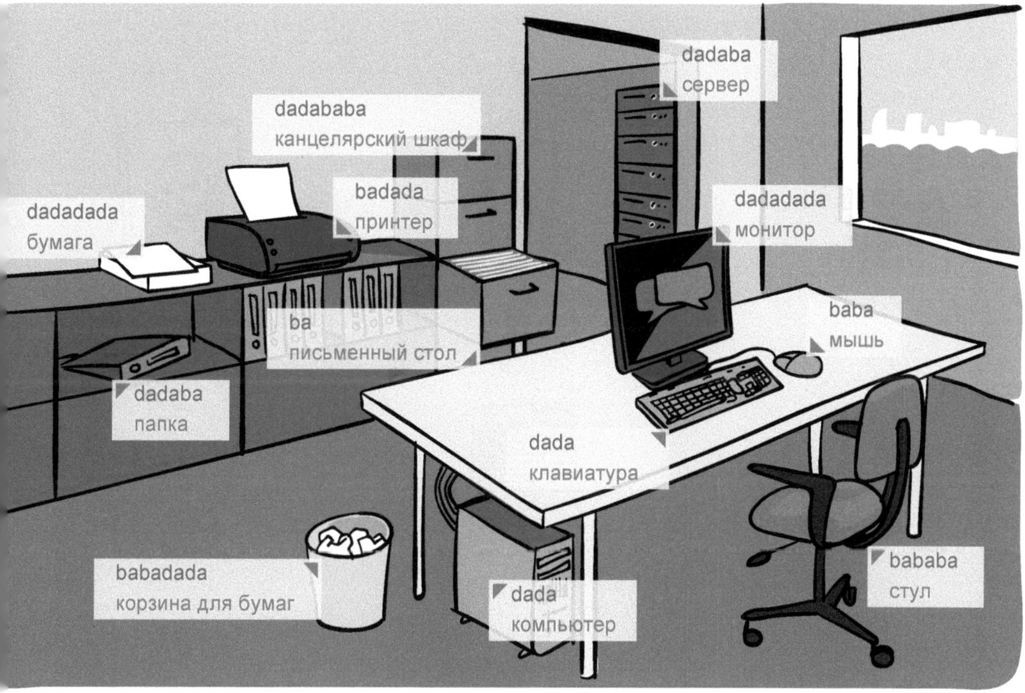

dadaba
сервер

dadababa
канцелярский шкаф

badada
принтер

dadadada
бумага

dadadada
монитор

ba
письменный стол

baba
мышь

dadaba
папка

dada
клавиатура

babadada
корзина для бумаг

dada
компьютер

bababa
стул

dada

кофейная кружка

bababa

калькулятор

da da

интернет

papa!

ноутбук

dadababa

письмо

ba

сообщение

fon

мобильный телефон

bababa

сеть

ba

ксерокс

bababa

программа

dada bing

телефон

aua!

розетка

bababa

факс

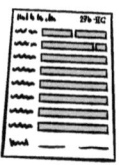

dadaba

формуляр

bababa

документ

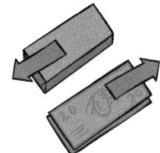

baba

покупать

dadadada

платить

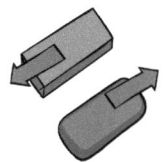

dadaba

торговать

badada

деньги

babadada

доллар

dadaba

евро

bababa

иена

ba

рубль

dada

франк

dada

жэньминьби юань

ba

рупия

ba

банкомат

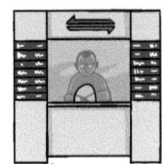

dadadada

пункт обмена валюты

dadadada

золото

baba

серебро

dadadada

нефть

ba

энергия

dadadada

цена

baba

договор

bababa

налог

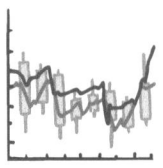

dadadada

акция

dadaba

работать

dadadada

служащий

dadababa

работодатель

dadaba

фабрика

ba

магазин

baba
милиционер

dada
пожарный

bababa
повар

aua!
врач

bababa
пилот

bababa

садовник

bababa

столяр

baba

швея

bababa

судья

dadaba

химик

dadababa

актёр

ba

водитель автобуса

auto mann

таксист

bababa

рыбак

dadadada

уборщица

dadadada

кровельщик

dadadada

официант

badada

охотник

dadadada

художник

dadababa

пекарь

papa!

электрик

bababababa

строитель

bababa

инженер

dadababa

мясник

dadadada

сантехник

bababa

почтальон

dadadada

солдат

ba

архитектор

dadaba

кассир

bababa

флорист

babadada

парикмахер

bababa

кондуктор

dadaba

механик

dada

капитан

badada

зубной врач

ba

ученый

bababa

раввин

dadaba

имам

dada

монах

dadadada

священник

dada

инструменты

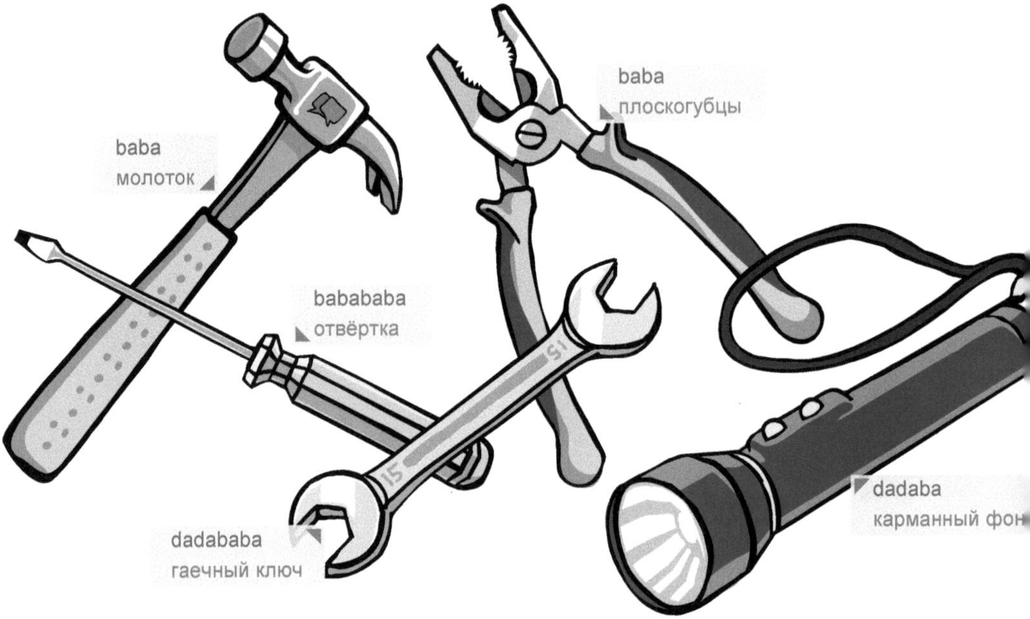
baba
молоток
baba
плоскогубцы
babababa
отвёртка
dadababa
гаечный ключ
dadaba
карманный фон

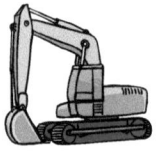

dadaba

экскаватор

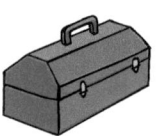

baba

ящик для инструментов

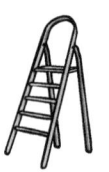

babababa

стремянка

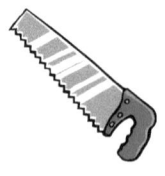

dadaba

пила

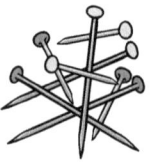

babadada

гвозди

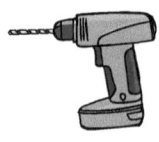

dada

дрель

dadababa

ремонтировать

dada

лопата

aua!

Блин!

dada

совок

dadaba

ведро с краской

babababa

винты

bababa

музыкальные инструменты

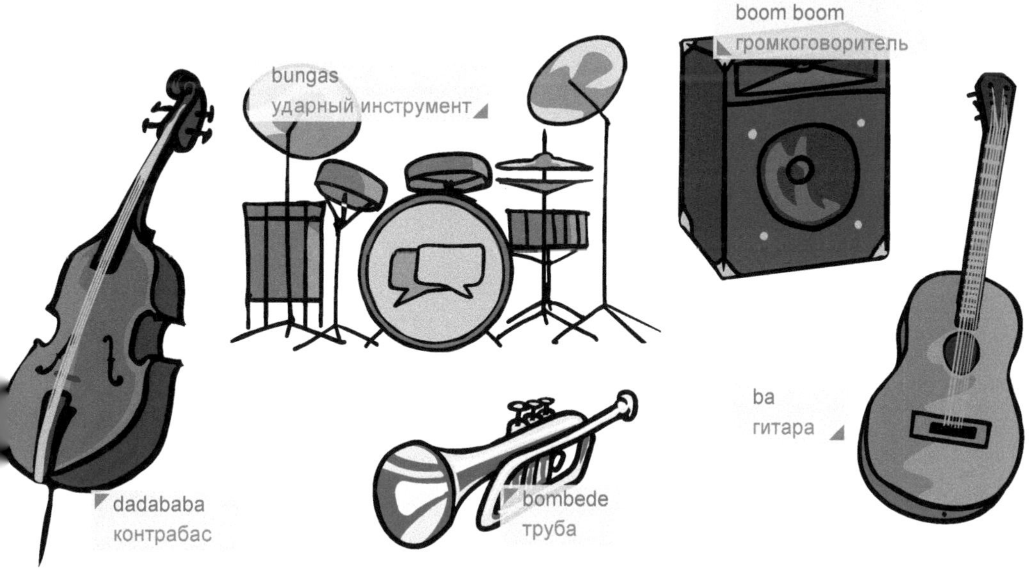

boom boom
громкоговоритель

bungas
ударный инструмент

ba
гитара

dadababa
контрабас

bombede
труба

bingbing

пианино

bababa

скрипка

ba

бас-гитара

badada

литавры

bunga bunga

барабан

badada

синтезатор

dadababa

саксофон

dadababa

флейта

dadadada

микрофон

bababa - музыкальные инструменты

bababa
зоопарк

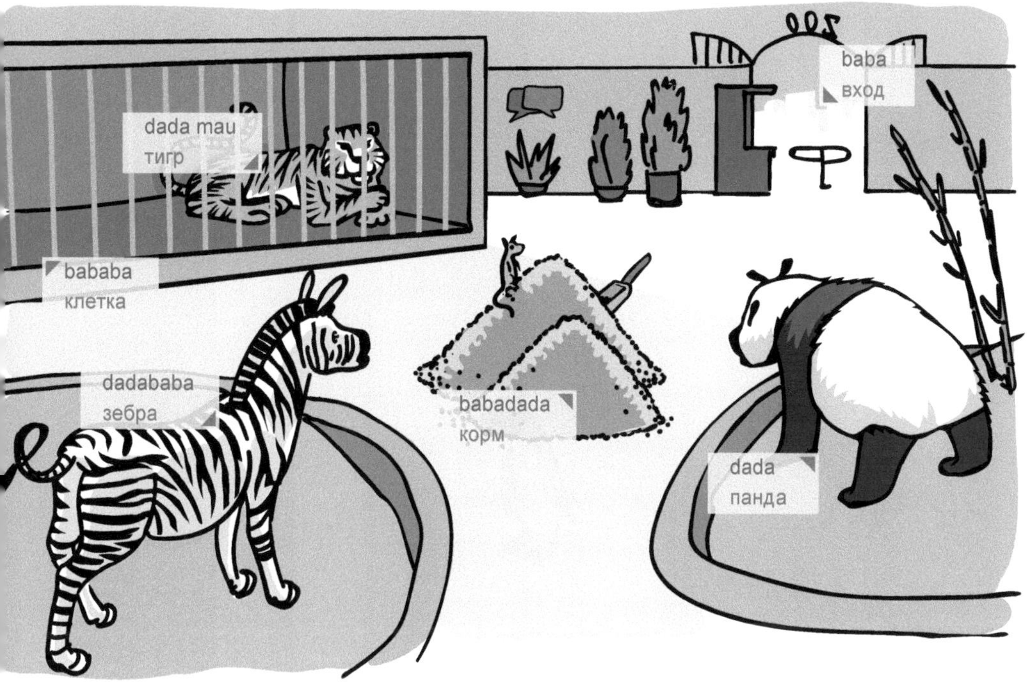
baba
вход
dada mau
тигр
bababa
клетка
dadababa
зебра
babadada
корм
dada
панда

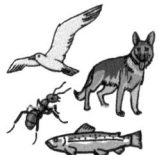

dadadada

животные

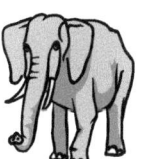

bababa

слон

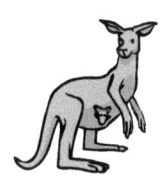

dadaba

кенгуру

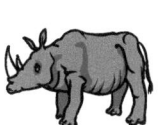

babadada

носорог

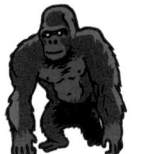

dada

горилла

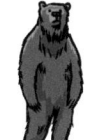

babababa

медведь

dadaba

верблюд

gackgack

страус

babadada

лев

dadaba

обезьяна

gackgack

фламинго

bababa

попугай

bababa

белый медведь

dada

пингвин

bababa

акула

dadaba

павлин

badada

змея

babababa

крокодил

dadadada

служитель зоопарка

dada

тюлень

bababa

ягуар

ei!

пони

dadadada

леопард

dada

бегемот

babababa

жираф

bababa

орёл

babadada

кабан

nom nom!

рыба

dadadada

черепаха

anje

морж

dadadada

лиса

bababa

газель

dadababa
американский футбол

dadaba
езда на велосипеде

bum bum
теннис

ball
баскетбол

badada
плавание

aua!
бокс

baba
хоккей

dadadada
....
футбол

badada
....
бадминтон

dadababa
....
лёгкая атлетика

ball
....
гандбол

dadadada
....
лыжный спорт

baba
....
поло

dadadada
действия

dada
прыгать
bababa
обнимать
baba
смеяться
dada
идти
dadababa
петь
dadababa
мечтать
dadadada
молиться
mama!
целовать

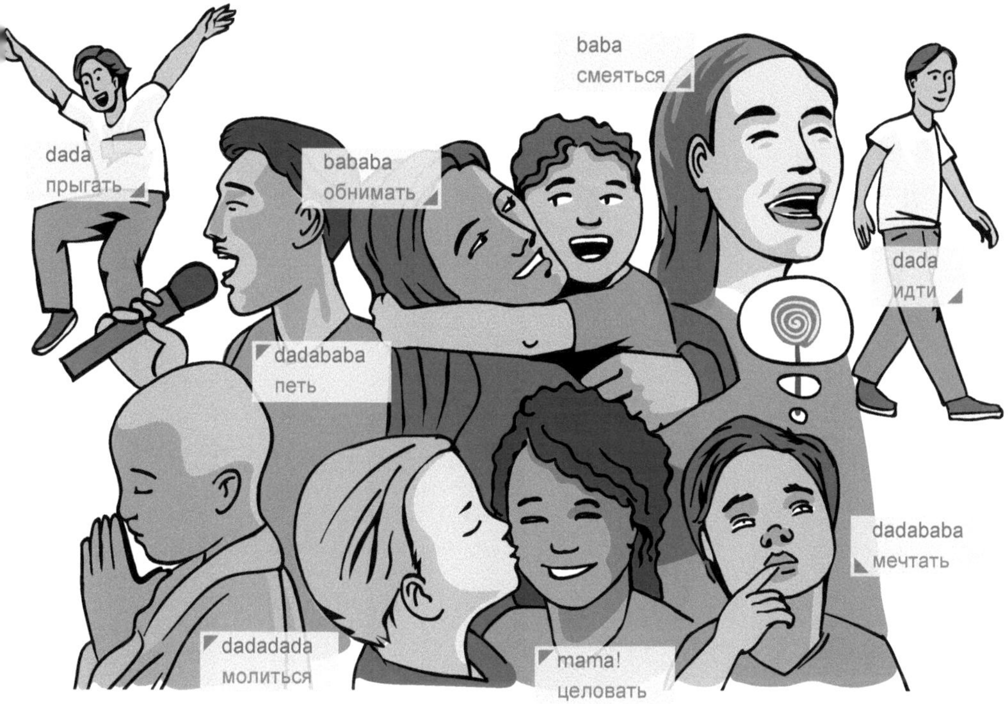

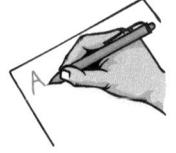

dadaba
писать

dada
рисовать

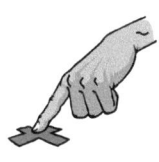

dadababa
показывать

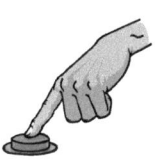

dada
нажимать

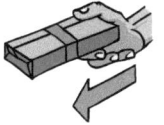

badada
давать

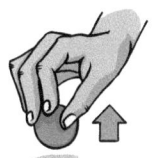

dadaba
брать

dadaba

иметь

dadadada

делать

babadada

быть

dadadada

стоять

baba

бежать

dadababa

тянуть

dadadada

бросать

dadaba

падать

badada

лежать

dadaba

ждать

bababa

носить

ba

сидеть

dadababa

надевать

heia!

спать

bababa

просыпаться

babababa

рассматривать

baaaaaa

плакать

dadadada

гладить

bababa

причесывать

bababa

говорить

baba

понимать

badada

спрашивать

dadababa

слушать

bababa

пить

nomnom!

кушать

badada

наводить порядок

ba

любить

badada

готовить

dadababa

ехать

dadadada

летать

dadababa

ходить под парусом

dadababa

считать

dadadada

читать

dadababa

учиться

dadaba

работать

baba

вступать в брак

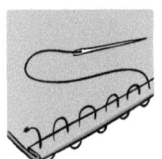

dada

шить

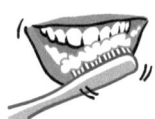

aua!

чистить зубы

aua!

убивать

dadababa

курить

bababab

отправлять

oma!
бабушка

opa!
дедушка

papa!
папа

mama!
мама

bebi
младенец

ba
дочь

badada
сын

baba

гость

ba

тетя

bababa

дядя

nein!

брат

nein!

сестра

dadababa

тело

bababa
лоб
dada
глаз
bababa
плечо
dada
палец
dada
лицо
dadababa
подбородок
baba
кисть
dadaba
нога
da
грудь
bababa
рука

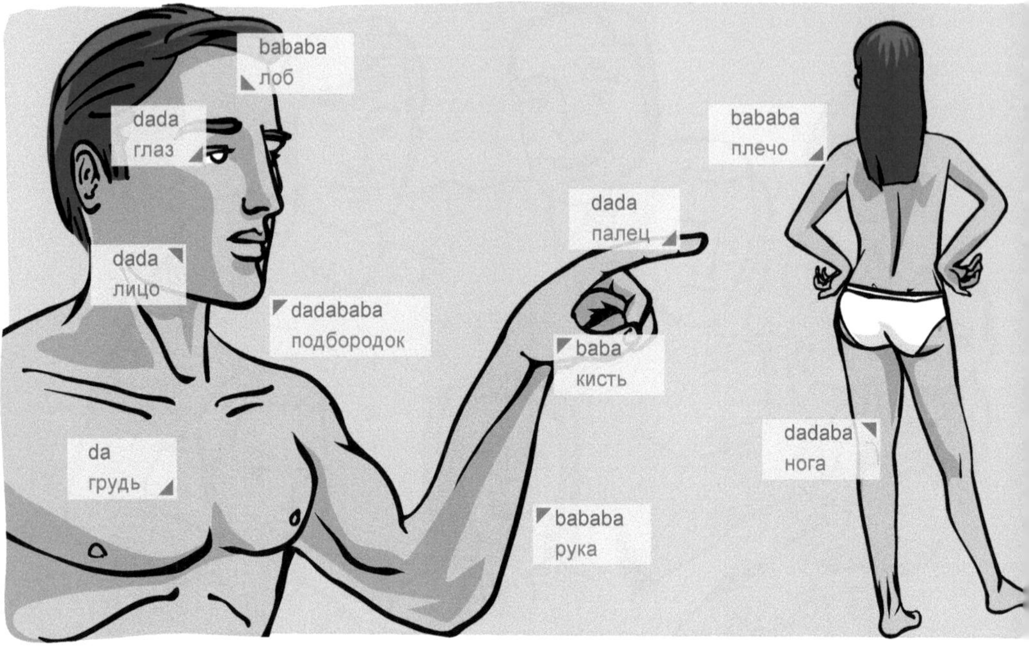

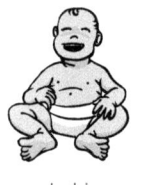

bebi

младенец

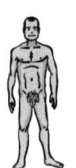

papa!

мужчина

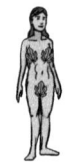

mama

женщина

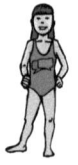

baba

девочка

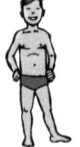

babadada

мальчик

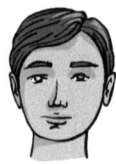

bababa

голова

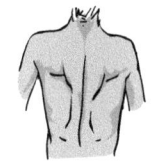

baba

спина

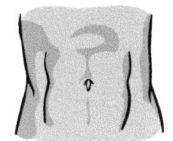

dadababa

живот

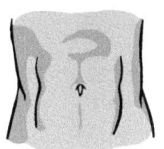

dada

пупок

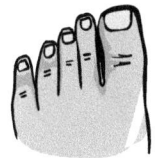

dadababa

палец ноги

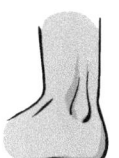

ba

пятка

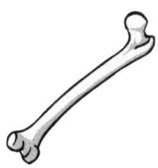

badada

кость

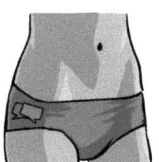

bababa

бедро

dada

колено

dadadada

локоть

bababa

нос

popo

ягодицы

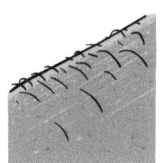

dadaba

кожа

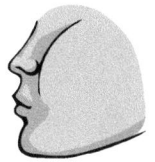

badada

щека

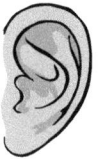

dada

ухо

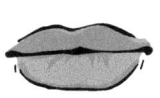

babababa

губа

dadababa
рот

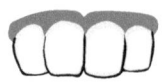

dadadada
зуб

baba
язык

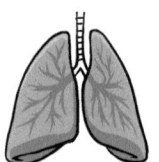

dadadada
мозг

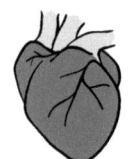

baba
сердце

dada
мышца

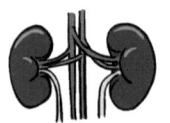

dada
лёгкое

dada
печень

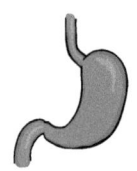

dadababa
желудок

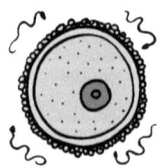

dadaba
почки

babadada
половой акт

dada
презерватив

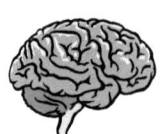

badada
яйцеклетка

dadababa
сперма

dadababa
беременность

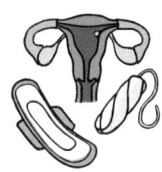

ba

менструация

mumu

вагина

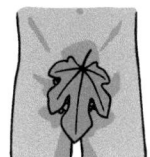

pipi

пенис

dada

бровь

dadababa

волосы

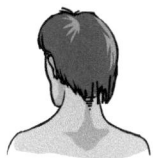

bababa

шея

aua!
больница

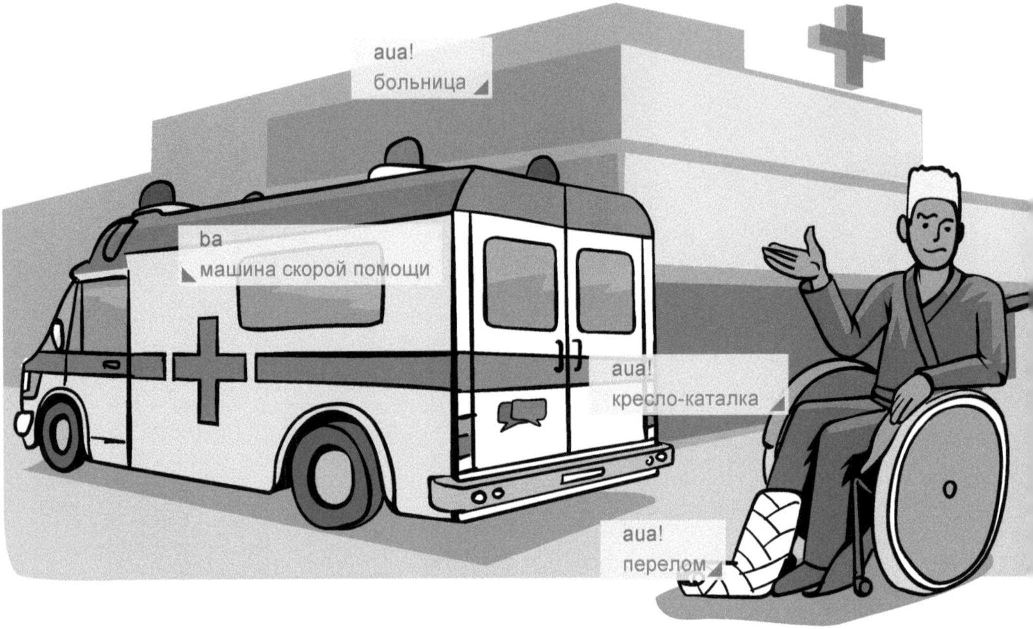

ba
машина скорой помощи

aua!
кресло-каталка

aua!
перелом

aua!

врач

aua!

пункт первой помощи

aua!

медсестра

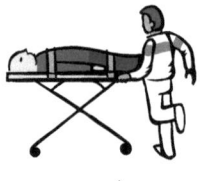

aua!

неотложный случай

aua!

без сознания

dadababa

боль

aua!

повреждение

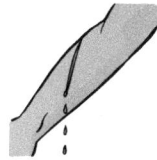

dadadada

кровотечение

aua!

инфаркт

aua!

инсульт

dadababa

аллергия

aua!

кашель

aua!

ювышенная температура

aua!

грипп

aua!

понос

aua!

головная боль

aua!

рак

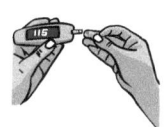

aua!

диабет

aua!

хирург

aua!

скальпель

aua!

операция

aua!

КТ

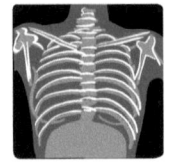

aua!

рентген

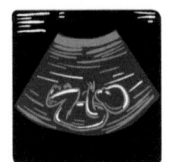

aua!

ультразвук

aua!

маска

aua!

болезнь

aua!

приёмная

aua!

костыль

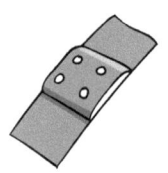

aua!

пластырь

dadababa

бинт

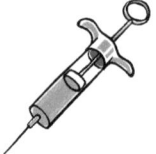

aua!

укол

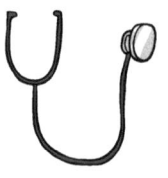

aua!

стетоскоп

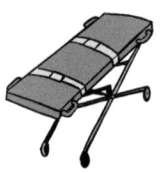

aua!

носилки

aua!

термометр

aua! bebi!

рождение

aua!

избыточный вес

aua!

слуховой аппарат

aua!

дезинфекционное средство

aua!

инфекция

aua!

вирус

aua!

ВИЧ / СПИД

aua!

лекарство

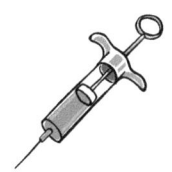

aua!

прививка

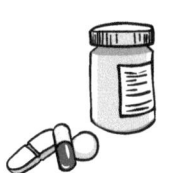

aua!

таблетки

dadaba

противозачаточная таблетка

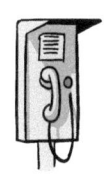

aua!

экстренный вызов

aua!

прибор для измерения кровяного давления

da / ba

больной / здоровый

aua!

Помогите!

aua!

сигнал тревоги

aua!

нападение

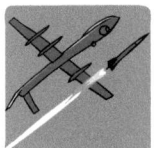

aua!

атака

aua!

опасность

dadadada

запасной выход

dadaba

Пожар!

dadaba

огнетушитель

aua! aua!

несчастный случай

aua!

аптечка

baba

SOS

dadadada

милиция

badada

Европа

dadaba

Северная Америка

dadababa

Южная Америка

dadaba

Африка

dadaba

Азия

babababa

Австралия

badada

Атлантический океан

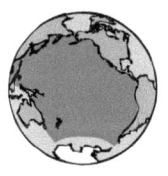

dadaba

Тихий океан

baba

Индийский океан

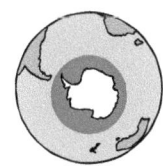

bababa

Антарктический океан

dadababa

Северный Ледовитый
океан

bababa

Северный полюс

dadababa

Южный полюс

dadaba

Антарктика

dada

земля

dadaba

суша

badada

море

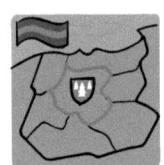

dadadada

остров

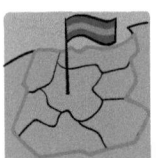

dadadada

нация

dadababa

государство

baba

циферблат

babadada

часовая стрелка

baba

минутная стрелка

bababa

секундная стрелка

dadababa

Который час?

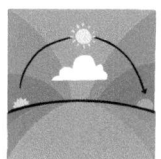

babadada

день

dada

время

baba

сейчас

dadababa

электронные часы

dadababa

минута

bababa

час

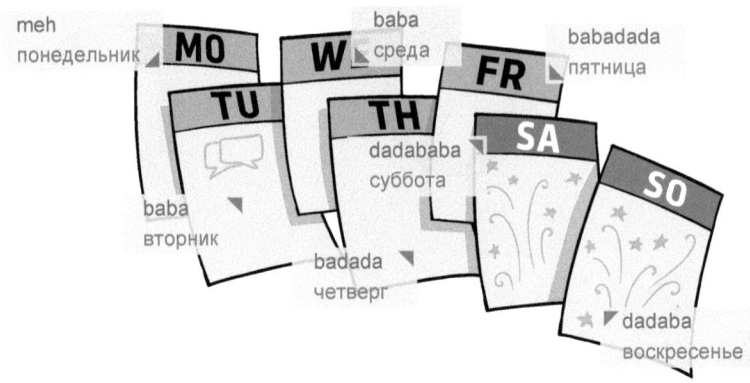

meh
понедельник MO

baba
среда W

babadada
пятница FR

TU

TH
dadababa
суббота SA

SO

baba
вторник

badada
четверг

dadaba
воскресенье

dadadada

вчера

dadababa

сегодня

dadaba

завтра

baba

утро

baba

полдень

dadadada

вечер

dada

рабочие дни

baba

выходные

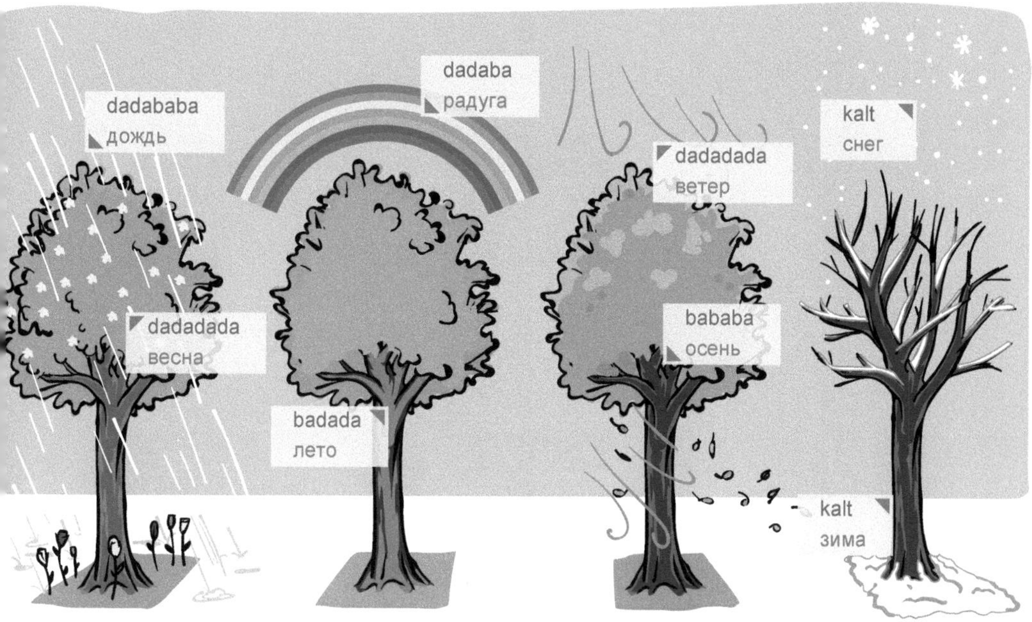

dadababa
дождь

dadaba
радуга

dadadada
ветер

kalt
снег

dadadada
весна

badada
лето

bababa
осень

kalt
зима

dadababa

прогноз погоды

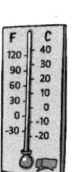

bababa

термометр

ba

солнечный свет

baba

туча

dadadada

туман

dada

влажность воздуха

dadababa

молния

dada

гром

badada

буря

dadababa

град

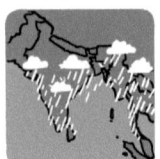

bababa

муссон

dadaba

наводнение

dadadada

лёд

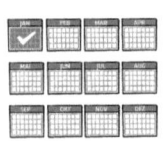

dadaba

январь

dadaba

февраль

bababa

март

dadadada

апрель

dadadada

май

bababababa

июнь

baba

июль

bababa

август

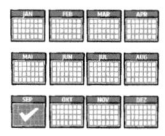

dadadada

сентябрь

badada

октябрь

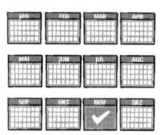

dadababa

ноябрь

baba

декабрь

dadababa
формы

baba

круг

badada

квадрат

dadababa

прямоугольник

babababa

треугольник

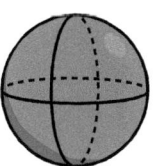

dadadada

шар

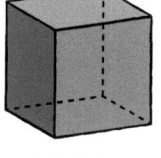

babababa

куб

dadababa

белый

babababa

желтый

baba

оранжевый

dadadada

розовый

babadada

красный

dadababa

лиловый

dadadada

синий

ba

зелёный

baba

коричневый

bababa

серый

badada

черный

da / ba

много / мало

da / ba

яростный / мирный

da / ba

красивый / уродливый

da / ba

начало / конец

da / ba

большой / маленький

da / ba

светлый / темный

da / ba

брат / сестра

da / ba

чистый / грязный

da / bada

полный / неполный

da / ba

день / ночь

da / ba

мёртвый / живой

da / ba

широкий / узкий

da / ba

съедобный / несъедобный

da / ba

злой / дружелюбный

ba / ba

взволнованный /
скучающий

da / ba

толстый / худой

ba / ba

сначала / в конце

da / bada

друг / враг

da / ba

полный / пустой

da / ba

твёрдый / мягкий

da / ba

тяжёлый / легкий

da / bada

голод / жажда

da / ba

больной / здоровый

da / ba

незаконный / законный

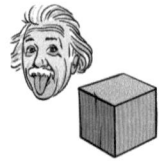

da / ba

умный / глупый

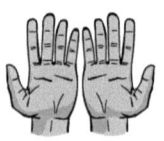

ba / ba

слева / справа

da / ba

близко / далеко

da / bada

новый / подержанный

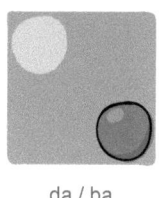

da / ba

ничто / нечто

ba / ba

старый / молодой

da / ba

включено / выключено

da / ba

открыто / закрыто

da / ba

тихо / громко

ba / ba

богатый / бедный

da / ba

правильный /
неправильный

da / ba

шероховатый / гладкий

ba / ba

печальный / счастливый

da / ba

короткий / длинный

da / ba

медленный / быстрый

da / bada

мокрый / сухой

da / bada

тёплый / прохладный

da / ba

война / мир

0

dada

ноль

1

a

один

2

ba

два

3

da ba da

три

4

badabada

четыре

5

dadababa

пять

6

dadaba

шесть

7

badada

семь

8

dadababa

восемь

9

dadaba

девять

10

dadadada

десять

11

badada

одиннадцать

12
baba

двенадцать

13
bababa

тринадцать

14
baba

четырнадцать

15
babadada

пятнадцать

16
dadababa

шестнадцать

17
babababa

семнадцать

18
dadababa

восемнадцать

19
bababa

девятнадцать

20
dadababa

двадцать

100
baba

сто

1.000
baba

тысяча

1.000.000
dadababa

миллион

ЯЗЫКИ

baba

английский

babadada

американский английский

dadababa

мандаринский китайский

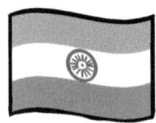

ba

хинди

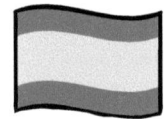

badada

испанский

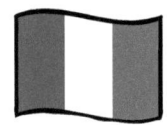

ohlala

французский

babadada

арабский

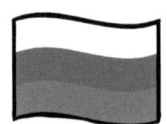

dadaba

русский

dada

португальский

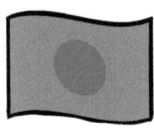

dadadada

бенгальский

badada

немецкий

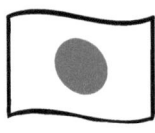

dadadada

японский

a
я

dadadada
ты

da / da / da
он / она / оно

o ba ma
мы

babababa
вы

baba
они

dadadada
кто?

dadadada
что?

baba
как?

babababa
где?

babadada
когда?

dadaba
имя

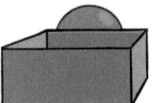

baba

за

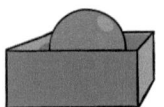

dadaba

в

baba

перед

ba

над

baba

на

dadababa

под

bababababa

рядом

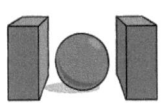

ba

между

dada

место